So viel mehr als Sternenstaub

Rainer Oberthür Marieke ten Berge

So viel mehr als STERNENSTAUB

NACHDENKEN UND STAUNEN ÜBER GOTT

Gabriel

Rainer Oberthür lebt mit seiner Frau in Aachen und hat zwei erwachsene Kinder. Er ist seit 1989 Dozent für Religionspädagogik und stellvertretender Leiter des Katechetischen Instituts des Bistums Aachen. Als Grundschullehrer entwickelt er seine Ideen mit Kindern in der Praxis und schreibt Bücher „für Kinder und alle im Haus". Bei Gabriel hat er schon mehrere Bücher veröffentlicht. www.rainer-oberthuer.de

Marieke ten Berge lebt mit ihrem Mann und drei Kindern im niederländischen Marschland. Ihre Ausbildung als Designerin absolvierte sie in einer Agentur für Innenausstattung und in der Geschenkbuchbranche, verlagerte ihren Fokus aber mehr und mehr auf Illustration. Marieke liebt es, Illustrationen und grafische Drucktechniken zu verbinden, und probiert in diesem Bereich immer wieder Neues aus.

Weitere Bücher von Rainer Oberthür bei Gabriel:

Das Vaterunser
Die Ostererzählung
Die Erzählung von Ostern und Pfingsten
Die Weihnachtserzählung
Wie siehst du aus, Gott?
Zusammen

Mehr über unsere Bücher, Autor:innen und Illustrator:innen auf:
www.thienemann.de

INHALT

WO IST GOTT ZU FINDEN?

Wie undenkbar sind für mich deine Gedanken,
mein GOTT, wie unendlich ihre Zahl.
Wollte ich sie zählen,
es wären mehr als alle Sandkörner der Erde,
mehr als Atome im Universum.
Und käme ich dabei zum Ende,
wäre ich noch immer bei dir.
Psalm 139,17-18

Wir Menschen sind die einzigen Lebewesen auf der Welt, die auf zwei Beinen stehen, aufrecht gehen und den Blick nach oben zum Himmel richten. Beim Blick in die Sterne staunen wir und fragen nach dem Warum und nach dem Mehr, das über uns und unsere Welt hinausgeht. Das weckt unsere Sinne und lässt uns Sinn entdecken. So kann es wie von selbst passieren, dass wir anfangen, über GOTT nachzudenken und zu staunen. Und manchmal können wir dabei GOTT erahnen und ein wenig erfahren.

Die wunderbaren Bilder von Marieke ten Berge haben mir geholfen, nachzudenken und zu staunen über das Leben, über die Welt und über GOTT. So konnte ich Worte finden, Fragen stellen und Antworten anbieten.

Die Gedanken aus der Bibel, die ich dazu ausgewählt und frei übersetzt habe, ergänzen die Bilder und meine Worte auf eigene Weise. Wenn du die Bilder – am besten gemeinsam mit anderen – betrachtest und meine Worte und die Bibelsätze hinzunimmst, fallen dir sicher deine eigenen Fragen und Antworten ein: nach dem Warum und nach dem Mehr, nach dem Sinn und nach GOTT!

Die Bilder zeigen das All, die Welt, die Natur, die Dinge und vor allem die Menschen in ihrer Welt. GOTT wird nicht darauf abgebildet und lässt sich doch darin sehen, aber niemals verstehen. Auch meine Worte umkreisen das Geheimnis vom Zeigen und Verbergen, vom Sehen und Unsichtbar-Sein GOTTES.

Viel Freude beim Schauen und Lesen, Fragen und Suchen, Entdecken und Erfahren wünscht

Rainer Oberthür

MENSCHEN STAUNEN UND FRAGEN

Stehst du auf der Erde und schaust du zum Himmel,
erblickst du die Sterne und staunst über sie,
dann kommen dir viele Fragen in den Sinn:
Hat das Weltall ein Ende und wann war der Anfang?
Warum gibt es die Welt und warum bin ich hier?
Gab es mich vor meiner Zeit und wo bin ich danach?
Gibt es GOTT wirklich und ist Gott im Himmel?
Schaue im Leben immer nach oben – über dich hinaus!

Du, mein GOTT, verlässt nicht die,
die dich suchen und nach dir fragen.
Psalm 9,11

SCHAU NACH DEN STERNEN!

Alle Sterne werden geboren und sterben einmal.
Sie lassen dich weit in die Vergangenheit sehen,
denn ihr Licht ist viele Jahre unterwegs zu uns.
Sie lassen dich eine Spur der Ewigkeit erahnen,
denn sie leben viel länger als wir Menschen.
Sie lassen dich unsere Gegenwart spüren,
in der du lebst auf der Erde – jetzt im Augenblick.
So klein sind wir im großen All – ein Wunder GOTTES!

Wenn ich zum Himmel hinaufschaue, zu Mond und Sternen,
die du unendlich in ihrer Zahl geschaffen, dann denke ich:
Was ist bloß der Mensch, dass du auf ihn gekommen bist?
Psalm 8, 4-5

STERNENSTAUB UND STERNENLICHT

Am Anfang war der Urknall – aus dem Nichts wurde alles.
Erst entstanden die leichten Atome, später die schwereren.
Im Licht der Sterne kamen sie zur Welt und wurden die Welt.
Aus winzigen Bausteinen sind alle und alles zusammengesetzt.
Im All gibt es mehr Sterne als Sandkörner auf der Erde,
und in jedem Sandkorn ist ein ganzes Universum verborgen.
Wer glaubt, der ahnt: Aus nichts ließ GOTT alles werden.
Sternenstaub sind wir und vom Sternenlicht leben wir!

Da sprach GOTT: Es werde Licht!
Und das Licht war da.
Und Gott sah, dass das Licht gut war.
Genesis 1,3-4

GOTT, DIE QUELLE DES LEBENS

Unsere Erde ist zu zwei Drittel mit Wasser bedeckt.
Im Wasser entstanden die ersten Lebensformen.
Später gingen die Wassertiere ans Ufer und aufs Land
und immer vielfältigere Lebewesen entwickelten sich.
Jeder Mensch besteht zu zwei Drittel aus Wasser.
Ohne Wasser können wir nicht lange überleben.
Alles Leben auf der Erde gibt es nur mit Wasser.
Danken wir GOTT für das Wasser und für das Leben!

Schaut her, ich mache alles neu.
Wer Durst hat, den lasse ich aus der Quelle trinken,
aus der das Wasser des Lebens kommt.

Offenbarung 21,5-6

DIE WELT ERZÄHLT VON GOTT

Manche meinen, die Natur und die Welt sind GOTT.
Doch Gott ist nicht selbst die Welt, von Gott ist die Welt.
Aber Gott ist in der Welt, sie kann uns von Gott erzählen:
Sieh den Baum mit kräftigem Stamm und tiefen Wurzeln,
die dir Schutz und ein Zuhause zum Spielen schenken,
mit Früchten und Blättern, die dir Schatten spenden!
Bäume verbinden Himmel und Erde und uns miteinander.
Schauen wir auf die Welt, finden wir Gottes Geheimnisse!

Die Weisheit GOTTES ist wie ein Baum des Lebens.
Wer sie sucht, findet und festhält, der wird glücklich sein.
Sprichwörter 3,18

DIE STILLE IN UNS

Viele erwarten GOTT im Großen und Mächtigen.
Sie wünschen sich einen gewaltigen Herrscher über die Welt.
Doch Überraschung: Der große Gott zeigt sich im Kleinen.
Im Leisen und Überhörbaren, im Stillen ist Gott zu Hause.
Wenn wir ganz bei uns sind, erahnen wir das Geheimnis.
Wenn wir die Augen schließen, erleben wir die Stille.
Wenn wir uns selbst erfahren, kommt Gott uns näher.
Entdecken und bewahren wir die Stille in uns und um uns!

Nach dem Beben kam ein Feuer.
Doch GOTT war auch nicht im Feuer.
Aber nach dem Feuer kam
ein leises Wehen, eine wachsende Stille.

1 Könige 19,12

DER MENSCH, EIN GESCHENK GOTTES

Du bist ein Wunder des Lebens und warst am Anfang winzig.
Aus zwei Zellen von Mama und Papa wurden 4, 8, 16, 32, 64,
immer doppelt so viele, bei der Geburt mehr als eine Billion.
Nach einem geheimnisvollen Plan wuchsen sie heran,
bildeten in neun Monaten deine Knochen, Arme und Beine,
deine Hände und Füße, dein Herz und Gehirn und alles andere.
Du wächst seit der Geburt und bildest immer neue Zellen.
Du veränderst dich und bleibst doch einzigartig – du bist du!

Denn ich bin im Innersten von dir geschaffen,
du hast mich werden lassen im Bauch meiner Mutter.
Ich danke dir, dass ich so wunderbar gestaltet bin.
Zum Staunen sind deine Werke.

Psalm 139,13-14

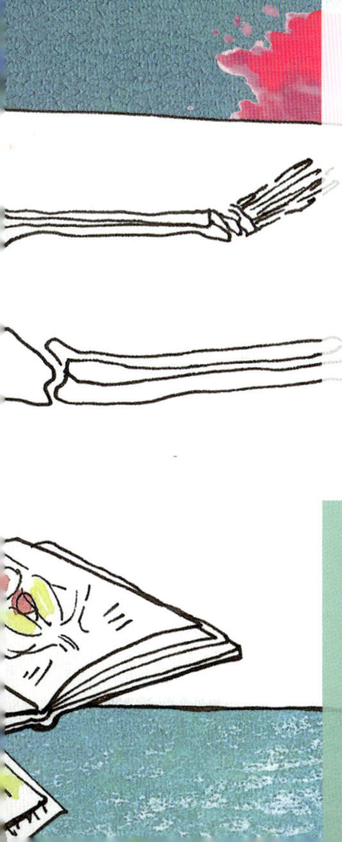

DER MENSCH ALS BILD GOTTES

Wir Menschen wollen wissen, wozu es uns und die Welt gibt.
Nach dem Leben und nach dem Tod fragen wir.
Wir fragen nach dem Anfang und Ende von uns und allem.
Das Wie und Wann, das Warum und Wozu erforschen wir.
Mit jeder Antwort wachsen unser Staunen und Fragen.
Im Fragen erfahren wir GOTT, der uns als sein Bild erschuf.
Wir bleiben uns selbst und anderen immer ein Geheimnis.
Die größte Frage und das ewige Geheimnis ist unser Gott!

GOTT erschuf den Menschen als sein Bild.
Als Gottes Abbild schuf Gott ihn.
Als Mann und Frau schuf Gott sie,
und Gott segnete sie.
Genesis 1,27-28

VOM HIMMEL AUF DIE ERDE

Wir können GOTT niemals begreifen, aber ansprechen.
Sein Name ist JAHWE, das heißt: „Ich-bin-der-ICH-BIN-DA."
Dieser Name beschreibt mögliche Erfahrungen mit Gott.
Das Wort „Gott" kann bedeuten: „der Angerufene".
Wir rufen Gott in unser Leben – Gott kommt vom Himmel.
Mit Jesus kam Gott selbst auf die Erde und uns ganz nah.
Als kleines, hilfloses Baby wird Gott Mensch: wie großartig.
Jesus ist das beste Bild von Gott, der für uns unsichtbar ist!

Niemand konnte GOTT jemals sehen.
Der einzige Sohn aber, der selbst Gott ist
und am Herz des Vaters ruht,
hat uns gezeigt, wie Gott wirklich ist.
Johannes 1,18

ZWEIFELN UND GLAUBEN

Gibt es GOTT wirklich? Hat Gott die Welt erschaffen?
Wer zweifelt und solche Fragen stellt, kann wirklich glauben.
Denn der Glaube braucht offene Gedanken ohne Grenzen.
Damit wir aber nicht verzweifeln, brauchen wir Vertrauen.
Wer glaubt, kann aushalten, dass wir nicht alles verstehen.
Wer glaubt, vertraut darauf, dass am Ende alles gut wird.
Solange ein Körnchen Hoffnung bleibt, ist Glauben möglich.
Zum Glauben brauchen wir Geduld: mit uns und mit Gott!

Jesus sagt: Selbst wenn euer Glaube
so klein ist wie ein Senfkorn, ist alles möglich.
Lukas 17,6

KLEIN UND OHNE MACHT

Der Mensch will groß und mächtig sein wie ein Berg,
stark und reich, schön und wichtig, immer der Erste.
Bei Jesus ist alles anders: Er macht die Kleinen groß,
geht zu den Armen und Kranken, Schwachen und Letzten.
Weil er auf Gewalt verzichtet und sogar seine Feinde liebt,
wird er getötet, stirbt arm und erbärmlich am Kreuz.
Das ist schwer zu verstehen, unglaublich und erstaunlich:
GOTTES Größe zeigt sich in der Ohnmacht der Liebe!

Glücklich die, die arm sind vor GOTT,
glücklich die Trauernden,
glücklich, die keine Gewalt anwenden,
denn ihnen gehört das Himmelreich.
Matthäus 5,3-5

DIE LIEBE ZWISCHEN MENSCHEN

Wenn zwei sich lieben, haben sie nur Augen füreinander.
Sie sehen sich an und ihre Herzen schlagen bis zum Hals.
Sie haben sich gern und schenken einander ihr Herz.
Wenn zwei sich lieben, gehen sie gemeinsam durch die Welt.
Zusammen trauen sie sich, was keiner für sich allein schafft.
Zusammen entdecken sie, dass es mehr gibt als nur die Welt.
Die Liebe ist geduldig und gütig, sie erträgt und hofft alles.
Die Liebe zwischen Menschen zeigt, wie sehr GOTT uns liebt!

Wie schön du bist,
so lieb bist du!
Hohelied 7,7

du bist
bist du

DER MENSCH UND SEINE GEFÜHLE

Wir sind mal froh und mal traurig, mutig und ängstlich,
neugierig und gelangweilt, mal wütend und mal liebevoll.
Die Gefühle können uns zum Guten oder Schlechten antreiben.
Beachten wir sie und beherrschen sie uns nicht, dann helfen sie.
Wir wollen gut und glücklich sein, aber schaffen es nicht immer.
Dann kommen vor lauter Angst nur Wut und Trauer aus uns raus.
Nur mit Hilfe können wir Freude und Vertrauen wiederfinden.
Das Gute, die Freude und die Liebe macht GOTT für uns möglich!

Der Böse sagt: Ich will gemein sein!
Mein GOTT, du bist so gut, wie der Himmel weit ist,
deine Gerechtigkeit ist größer als der höchste Berg,
es ist eine einzige Freude!

Psalm 90,2.6-8

Grrr

Gerechtigkeit

GERECHTIGKEIT AUF DER ERDE

Unsere Welt ist wunderschön und zerbrechlich.
Wenn Menschen nur an sich denken, alles besitzen wollen,
wenn sie mächtig sein und andere beherrschen wollen,
sind unsere Erde und alles Leben auf ihr in Gefahr.
Wir müssen sie gemeinsam beschützen und bewahren.
Jesus sagt: Die Machtlosen, Friedlichen und Unterdrückten,
die Fremden und Letzten sollen an erster Stelle stehen.
Schreiben wir weltweit Gerechtigkeit groß!

Hört auf, Böses zu tun, lernt, Gutes zu tun!
Sorgt für Gerechtigkeit, helft den Unterdrückten!
Jesaja 1,17

DAS WUNDER DER MUSIK

Musik spricht eine eigene Sprache in Tönen und Klängen.
Musik kann uns begeistern, beseelen und beglücken.
Sie kann uns zu Tränen rühren, die Angst nehmen, Bilder wecken,
heilsam sein, klüger machen und Menschen zusammenführen.
Musik geht zu Herzen und ist der kürzeste Weg zum Himmel.
Wir hören und ahnen, was die Welt im Innersten zusammenhält.
Unsagbares kann sie ausdrücken, Unsichtbares sichtbar machen.
Musik kann uns dem Geheimnis GOTT näherbringen!

Ich will meinem GOTT singen, solange ich lebe.
Ich will meinem Gott spielen, solange ich da bin.
Psalm 104,33

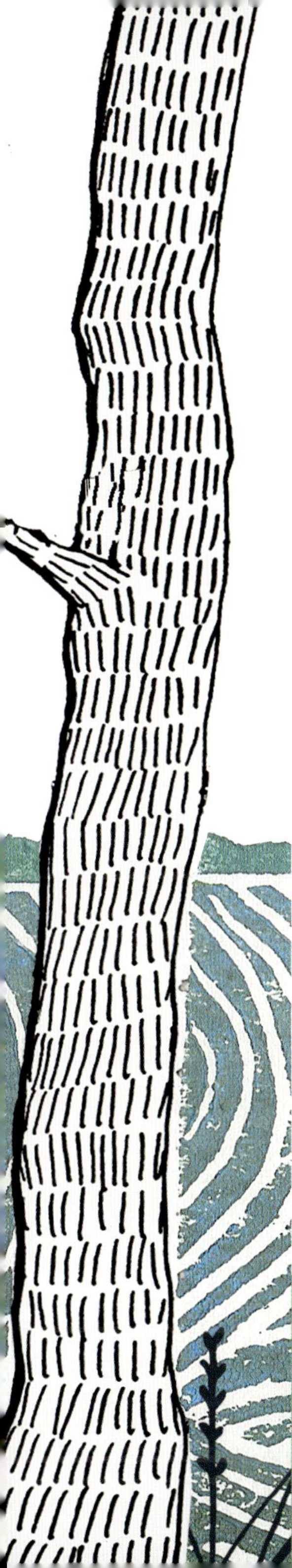

GEMEINSAM OHNE ANGST

Immer wieder stehst du im Leben vor großen Aufgaben,
so ungeheuer schwer, als müsstest du übers Wasser gehen.
Dann brauchst du Vertrauen und Mut, damit es dir gelingt.
Dann brauchst du andere, die dich stärken und dir helfen.
Zusammen trauen wir uns, sind nicht mit Kleinem zufrieden!
Gemeinsam überwinden wir die Angst und werden groß.
Schauen wir dabei auf GOTT, der uns Vater und Mutter ist,
sehen wir zu Jesus und lassen uns antreiben vom Geist Gottes!

Fürchte dich nicht, denn ich habe dich erlöst.
Ich habe dich bei deinem Namen gerufen, du bist mein.
Wenn du durchs Wasser gehst, bin ich bei dir.

Jesaja 43,1-2

IN GOTTES NÄHE SEIN

Wer glaubt, der hofft, ganz nah bei GOTT zu sein.
Doch wo sind wir da? In Gottes Himmel, Haus oder Reich?
Mit diesem Himmel meinen wir keine Wolken über uns,
mit dem Haus keinen Palast, mit dem Reich kein Land irgendwo.
Gottes Reich beginnt schon bei uns, mit uns und durch uns,
immer wenn Liebe und Gerechtigkeit in unsere Welt kommen.
Wer mit den Augen des Glaubens sieht, kann die Welt verändern.
Und eines Tages wird alles gut sein, wie wir es uns erträumen!

Jesus sagt: Euch muss es zuerst um GOTTES Reich
und seine Gerechtigkeit gehen.
Dann wird euch alles andere dazugegeben.
Matthäus 6,33

DIE SONNE ALS BILD GOTTES

Die Sonne schenkt uns täglich Licht und Leben.
Ohne sie würde es die Welt und uns nicht geben.
Auch bei dunklen Wolken und bei Regen ist sie da.
Seit fast fünf Milliarden Jahren strahlt sie über uns.
Für die ersten Menschen war sie ein Gott unter vielen.
Dann wurde sie verehrt als Bild des einzigen Gottes.
Sie ist nur ein kleines Abbild: GOTT selbst ließ sie werden.
Denn Gott ist größer als alles, was gedacht werden kann!

Du bist Sonne und wärmst uns.
Psalm 84,12

LEBENSWEGE UND LEBENSSINN

Du fragst dich: Wie werde ich leben, werde ich glücklich sein?
Wohin führt mich mein Weg, mit wem gehe ich durchs Leben?
Egal ob du wenig oder viel kannst, ob du arm oder reich bist,
du wirst etwas tun und sein, was kein anderer macht und ist,
du wirst deinen Weg suchen und finden, frei wählen und gehen,
du wirst den Platz entdecken, den GOTT für dich gedacht hat.
Glück kann keiner kaufen, doch die Augen dafür offen halten.
Geh nicht allein! Finde mit anderen den Sinn unseres Lebens!

Wer sucht, der findet!
Matthäus 7,8

IM WECHSEL DER ZEITEN

Es gibt Zeiten, da scheint alles kalt und wie abgestorben.
Der Wind bläst von vorn, alles ist mühsam, nichts läuft einfach.
Wir sehen nicht, dass im Verborgenen etwas Neues entsteht,
dass unter der Erde nach der Ruhe alles zu wachsen beginnt.
Das Leben ist ein Auf und Ab, ein Vorwärts und Rückwärts.
Es kann nicht immer nur vorangehen, wir brauchen Pausen.
Wir können darauf vertrauen, dass das Leben gut weitergeht.
Wir dürfen hoffen: Das Beste liegt immer noch vor uns!

Alles hat seine Zeit.
GOTT gab den Menschen eine Vorstellung vom Ablauf der Zeit.
Gott hat die Ewigkeit in ihr Herz gelegt, doch der Mensch
kann sein Tun nicht erfassen vom Anfang bis zum Ende.
Kohelet 3,1.11

HIMMEL UND ERDE VERBINDEN SICH

Der Regenbogen ist ein buntes Zeichen des Friedens,
er zeigt die Schönheit der Welt, verbindet Himmel und Erde.
Sein Licht lässt uns staunen und erweitert unseren Horizont,
er ist himmlisch und unbegreiflich, jeder sieht ihn anders.
In der Geschichte von Noah zeigen Taube und Regenbogen:
Die schwere Zeit ist vorbei, habt keine Angst, alles wird gut!
Der Regenbogen ist ein Zeichen des Bundes GOTTES mit uns,
er ist eine Brücke zu Gott, der für immer unser Freund ist!

Nie wieder soll eine Flut kommen und die Erde zerstören.
Erscheint der Regenbogen in den Wolken,
denke ich an den ewigen Bund zwischen mir und euch.
Genesis 9,11-15

DIE KRAFT DES GLAUBENS

Wer möchte kein Superheld sein, mit grenzenloser Kraft?
Wir könnten Menschen helfen, die ohne Schuld in Not sind,
wir würden gern das Böse für immer aus der Welt schaffen.
Doch wir wissen, dass keiner auf der Welt das erreichen kann.
Nicht einmal GOTT beseitigt das Böse und das Leid.
Zu glauben heißt, die Verborgenheit Gottes auszuhalten!
Wenn uns das gelingt, können wir selbst aus Liebe stark sein.
Aus der Geduld mit Gott wird die Kraft des Glaubens groß!

Jetzt aber bleiben Glaube, Hoffnung und Liebe,
diese drei, doch am größten unter ihnen ist die Liebe.

1 Korinther 13,13

GOTT IN DER HÖHE, MITTE UND TIEFE

Tief im Meer wimmelt das Leben, bunt und vielfältig.
Dort sind alle vom Wasser umgeben, wie wir von der Luft.
Unsichtbar sind Luft und Wasser da und ermöglichen Leben.
Auch GOTT ist um uns, ohne dass wir ihn sehen können.
umgibt uns, ohne dass wir ihn begreifen können.
Gott ist tiefer als das Meer und höher als der Himmel,
heller als die Sonne und weiter als das All.
Wir ahnen Gott hoch über uns, mitten unter uns, tief in uns!

Niemand hat GOTT je gesehen.
Aber wenn wir einander lieben, lebt Gott in uns.
Dann erreicht seine Liebe bei uns ihr Ziel.

1 Johannes 4,12

GETRAGEN UND AUFGEHOBEN

Ein Adler breitet die Flügel aus und erhebt sich in die Luft,
ihn zu beobachten hoch am Himmel, erfreut unser Herz.
Die Luft trägt ihn, seine Jungen trägt er aus der Gefahr.
Auch GOTT will uns durchs Leben tragen, bis wir alt sind.
Wenn wir eines Tages sterben, wird unser Leben „aufgehoben“:
Auf der Erde ist es vergangen und nicht mehr da.
Im Himmel ist es weiterhin da und für immer aufbewahrt.
Wir sind gut aufgehoben durch Gott, bei Gott und in Gott!

GOTT behütet uns, wie ein Adler sein Nest beschützt.
Seine Jungen lehrt er das Fliegen, wirft sie aus dem Nest,
fliegt über ihnen, breitet weit die Flügel aus.
Wenn sie fallen, ist er da, fängt sie auf und trägt sie davon.
Deuteronomium 32,10-11

GOTT VOR DEM ANFANG UND NACH DEM ENDE

Am Anfang beginnen im Urknall Raum und Zeit.
Aus einem winzigen Punkt entsteht alles einfach so.
Das Licht und der Staub, die Sonne und alle Sterne,
die Erde und das Leben, alle Tiere und der Mensch.
Was für ein großes Geheimnis, Geschenk und Glück!
GOTTES Uhr tickt nicht wie eine Menschenuhr.
Am Anfang kommen alles und alle von Gott her.
Zu Gott hin gehen alle und alles am Ende für immer!

Ich sehe einen neuen Himmel und eine neue Erde.
Unter den Menschen wird GOTT wohnen, in ihrer Mitte.
Gott wird bei ihnen sein und alle Tränen abwischen.
Der Tod wird nicht mehr sein und keine Klage.
Gott sagt: Seht, ich mache alles neu.
Offenbarung 21,1-5

DAS ALL UND WIR ALLE

Schaust du in den Himmel, hoch über dir,
staunst du, wie klein du bist im All.
Schaust du auf dich, tief in dich hinein,
staunst du, wie das All ganz klein ist in dir.
Aus dem Nichts ruft GOTT das All und alle ins Leben.
Das All und wir sind nicht allein, es ist jemand da.
Aus dem Staub und Licht der Sterne sind wir geboren.
Doch wir sind so viel mehr als Sternenstaub!

So hoch sich der Himmel über die Erde wölbt,
so weit umfängt deine Liebe uns.

Psalm 103,11

WEITER SUCHEN UND FRAGEN

Und jetzt: Haben wir am Ende GOTT gefunden?
Nein und ja: Wir haben Bilder und Worte gefunden,
mit denen wir vom Geheimnis Gott sprechen können.
Wir sind dem unendlichen Gott etwas nähergekommen,
haben Wahres und Schönes und Gutes entdeckt,
wie Teile eines Puzzles, wie Sandkörner in der Wüste
und Sterne im All: nicht mehr, aber auch nicht weniger.
Und das ist, wenn es um Gott geht, unglaublich viel!

Die Menschen sollten GOTT suchen, ertasten und finden,
denn keinem von uns ist er fern.
Ja, in Gott leben wir, bewegen wir uns und sind wir.

Apostelgeschichte 17,27–28

NACHWORT

Ich habe Gott überall erblickt und niemals begriffen.

Alphonse de Lamartine

Die Bilder und Worte in diesem Buch folgen dem Gedanken Alphonse de Lamartines. Marieke ten Berge zeigt auf traumhaft schönen Bildern das All, die Welt, die Natur, die Dinge und vor allem die Menschen in ihrer Welt. Gott wird darauf nicht abgebildet und lässt sich doch darin erblicken, aber niemals verstehen. Auch meine Worte umkreisen das Geheimnis von Zeigen und Verbergen, von Ergreifen ohne Begreifen, von Sehen ohne Verstehen.

Ich könnte mir vorstellen, dass ein Mensch auf die Erde hinabschaut
und behauptet, es gäbe keinen Gott.
Aber es will mir nicht in den Sinn, dass einer zum Himmel aufschaut und Gott leugnet.

Abraham Lincoln

Das Buch beginnt und endet mit dem Blick zum Sternenhimmel, der uns Menschen schon früh zu der Frage nach dem Woher und Wozu führt und dabei für viele den Sinn für das Unendliche und Unsichtbare weckt. Für diese Fragen sind Kinder besonders empfänglich, denn sie leben mehr in Fragen als in Antworten. Wenn sie mit Erwachsenen gemeinsam fragen und nach Antworten suchen, eröffnet das für alle neue Sichtweisen.

Besser ein Zweifler, der manchmal glaubt, als ein Glaubender, der nie zweifelt.

Josef Bordat

Unsere Bilder und Worte sind Zeugnisse von Menschen, die sich als gläubige Christen verstehen, doch sie sind offen für Fragen und Zweifel, denn nur ein frag-würdiger Glaube ist auf Dauer auch glaub-würdig. Glauben ist nicht gleich Wissen, der Glaube kein Beweis, sondern ein Geschenk. Doch Glauben ist an das Denken gebunden und kann zu einem tieferen Wissen führen. Die Bilder und Worte können zur Entwicklung einer eigenen Einstellung zu Religion und Glaube beitragen, wollen niemandem etwas aufdrängen, wohl aber zeigen, was uns fragend und suchend überzeugt und aus gutem Grund begeistert.

Halt an, wo läufst du hin, der Himmel ist in dir:
Suchst du Gott anderswo, du fehlst ihn für und für.
Angelus Silesius

Am Anfang gab es die Bilder – meine Worte folgten danach. Die Bilder und meine durch sie inspirierten Gedanken stehen eigenständig für sich. So kann auch am Anfang der Blick auf das Bild stehen, um später zu lesen – oder umgekehrt. Junge und ältere Menschen werden aus dem gemeinsamen Schauen und Lesen, Staunen und Bedenken eigene Gedanken, Vorstellungen und vielleicht sogar Bilder entwickeln.

Das ist das Äußerste menschlichen Gotterkennens:
zu wissen, dass wir Gott nicht wissen.
Thomas von Aquin

In der intensiven Beschäftigung mit diesem Buch sind für junge wie für ältere Menschen überraschende Gotteserfahrungen möglich, doch immer steht hinter einer Gottesahnung das eigentliche Nichtwissen und Geheimnis, das Gott für uns ist und bleibt. Ein Kind beschrieb die Balance von Wissen und Nichtwissen Gottes im Glauben unnachahmlich treffend: „Wenn wir Gott nicht wissen, wissen wir, wir wissen Gott nicht." Vertrauen wir dieser Erkenntnis aus Erfahrung, können wir mehr Geduld mit Gott aufbringen und mit Hoffnung und aus Liebe tiefer glauben.

Glauben heißt: Die Unbegreiflichkeit Gottes ein Leben lang aushalten.
Karl Rahner

Rainer Oberthür

Oberthür, Rainer
So viel mehr als Sternenstaub – Nachdenken und Staunen über Gott
ISBN 978 3 522 30499 3

Texte: Rainer Oberthür
Gesamtgestaltung: Marieke ten Berge
Einbandtypografie: Doris Grüniger, Buch und Grafik, Zürich
Innentypografie: Eva Mokhlis, Swabianmedia, Stuttgart
Reproduktion: HKS-artmedia, Leinfelden-Echterdingen
Druck und Bindung: Livonia Print, Riga

MIX
Papier | Fördert gute Waldnutzung
FSC® C002795
FSC www.fsc.org

Bei Fragen zum Produkt: service@thienemann.de
9. Auflage 2025

Die Bibeltexte sind nah am Ursprungtext und orientieren sich zumeist an *Die Bibel für Kinder und alle im Haus*, erzählt und erschlossen von Rainer Oberthür, Kösel, 10. Auflage, München 2015 oder sind frei nacherzählt.
Die Illustrationen erschienen in dem niederländischen Buch mit dem Titel „Sterrenpracht“ von Marieke ten Berge (Illustrationen) und Theanne Boer und Neeltje Rietveld (Text).

GOTT ALLES ANVERTRAUEN

GABRIEL

Rainer Oberthür · Barbara Nascimbeni

Das Vaterunser

64 Seiten · Gebunden

ISBN 978-3-522-30647-8

Im Vaterunser können wir Gott alles anvertrauen, was unser Leben ausmacht: unsere Sorgen und Wünsche, unsere Erfolge und Niederlagen, unseren Dank und unsere Freude. Jesus hat uns das Gebet geschenkt, damit wir auch dann beten können, wenn uns die Worte fehlen.